PRIME PAGINE

Diciassettesima ristampa, maggio 2013

ISBN 978-88-7927-106-6
© 1992 Edizioni E*L*, San Dorligo della Valle (Trieste)

www.edizioniel.com

LA NUVOLA OLGA

Nicoletta Costa

EMME EDIZIONI

ECCO LA NUVOLA OLGA.

È BIANCA E MORBIDA
COME LA PANNA
MONTATA.

QUESTA NOTTE OLGA
HA DECISO DI DORMIRE
IN TESTA ALLA LUNA,
ED È MOLTO CONTENTA.

MA LA LUNA
NON AMA GLI SCHERZI.

ALLORA CHIAMA
UN SUO AMICO UCCELLO
CHE MANDA VIA OLGA.

OLGA VOLA IN GIRO NEL
CIELO, E NON SA DOVE
ANDARE A DORMIRE.

DOPO UN PO' SI FERMA
SOPRA UN GATTO
CHE DORME.

A OLGA SCAPPA
TANTISSIMO DI FARE
LA PIOGGIA.

MA IL GATTO APRE I SUOI
OCCHI GIALLI, E DICE:
«NON VORRAI FARLA
PROPRIO QUI!»

ALLORA OLGA SE NE VA.

POI SI FERMA SOPRA LA
GALLINA GIACOMINA,
CHE VA A SPASSO
CON I SUOI PULCINI.

A OLGA SCAPPA SEMPRE
DI PIÚ LA PIOGGIA.

LA GALLINA GUARDA
IN SU E DICE:
«NON LA FARAI MICA
SOPRA I MIEI BAMBINI?»

E COSÍ OLGA SE NE VA.

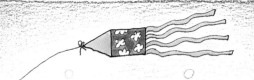

POI SI FERMA SOPRA
UN CAMPO DI GIRASOLI.

ORMAI OLGA NON NE
PUÒ PIÚ, DEVE PROPRIO
FARE LA PIOGGIA.

MA IL CAPO DEI GIRASOLI
DICE: «TI PREGO,
NON FARLA QUI.

SEI TROPPO PICCOLA
PER DAR DA BERE
A TUTTI NOI!»

E DI NUOVO
OLGA SE NE VA.

OLGA È DISPERATA.

PER FORTUNA INCONTRA
L'UCCELLO GINO E GLI
CHIEDE COSA FARE.

GINO MOSTRA CON L'ALA
UN POSTO DOVE
CI SONO ALTRE NUVOLE.

OLGA VOLA DALLE SUE
AMICHE, E TUTTE
INSIEME FANNO UNA
BELLA PIOGGIA SENZA
CHIEDERE IL PERMESSO
A NESSUNO.

...E ADESSO
GIOCHIAMO

PRENDI UNA MATITA,
E POI DISEGNA UN FILO
PER COLLEGARE OGNI
COSA COL SUO NOME.

IMBUTO

 GATTO

 PERA

GUFO

OCA

 APE

 ISOLA

QUESTA È OLGA.

SAI RICONOSCERLA IN MEZZO ALLE SUE AMICHE?

SEGUENDO I FILI,
SCRIVI LE LETTERE NEI
QUADRATINI IN BASSO:
LEGGERAI LA PAROLA
MISTERIOSA.

TRA I PERSONAGGI DEL
LIBRO... C'È UN INTRUSO.

CHI È?

COLLANA PRIME PAGINE

PUBBLICAZIONI PIÚ RECENTI

Finito di stampare nel mese di aprile 2013
per conto delle Edizioni EL
presso Gruppo Editoriale Zanardi S.r.l., Padova